CHARETTE

TROUSSURES ET LES ZOUAVES PONTIFICAUX

CAMPAGNE DE FRANCE

PAR

LE PRINCE HENRY DE VALORI

aide-de-camp du général Charette

> Le Général vous doit deux fois une belle gloire.
> — *Paroles de Troussures au général de Sonis.*

QUATRIÈME ÉDITION

NIMES

IMPRIMERIE-LIBRAIRIE-ÉDITEUR

187..

Tous droits réservés

CHARETTE

TROUSSURES

ET LES

ZOUAVES PONTIFICAUX

CAMPAGNE DE FRANCE

PAR

LE PRINCE HENRY DE VALORI

aide-de-camp du général d'Azémar.

« Général, vous nous menez à une bien
belle fête. »
Paroles de Troussures au général de
Sonis.

NIMES

LOUIS GIRAUD, LIBRAIRE-ÉDITEUR.

1871

Tous droits réservés.

CHARETTE

TROUSSURES

ET

LES ZOUAVES PONTIFICAUX

———•◦◉◦•———

I

C'est sur la pierre tumulaire qui recouvre la dépouille mortelle d'un de leurs plus braves compagnons d'armes, que j'écris ces quelques lignes, que je dédie aux zouaves de Pie IX et de la France. Jadis, aux Catacombes, les premiers chrétiens se réunissaient autour des ossements d'un martyr ; c'est là qu'ils racontaient leurs travaux, qu'ils conversaient du ciel et de la résurrection. A cette heure où un deuil immense s'étend sur l'Eglise et sur la France, où le Pape est captif et la patrie mutilée, parlons d'espérance auprès de ceux qui sont tombés martyrs de la foi et du patriotisme. « Tant qu'il y aura en France un Christ et une épée, a dit le noble d'Albiousse, il ne faut pas désespérer. »

Espérons donc au milieu des ruines, car Dieu, dit Joseph de Maistre, n'efface que pour écrire : il a effacé l'empire, il biffera la démagogie. Du sang versé sortira une société nouvelle ; une France monarchique, libre et catholique, qui se souviendra que son plus fidèle allié c'est le Pape.

Quand la papauté règne, la France triomphe ; parce que sa destinée, d'une incomparable gloire, est liée à celle du vicaire de Jésus-Christ ; que si un pape prisonnier amena Waterloo, Sedan, Paris, un pape glorifié fonda les empires de Constantin et de Charlemagne.

C'est dans cet espoir en Dieu et en la France que je vais résumer, dans la personne du commandant de Troussures, mort à Patay, l'inébranlable croyance, l'intrépidité et les vertus de ses survivants.

II

Il y a deux mois qu'il n'est plus, et, emporté dans le torrent, son souvenir semble déjà oublié. Si les grades éclatants, les situations extraordinaires constituaient seuls la vraie gloire, d'autres devraient le précéder sur cette route qui mène à la renommée. Mais le courage, l'abnégation, la piété, les services rendus n'ont pas besoin de ce que les hommes appellent une situation ; les honneurs s'évanouissent, l'héroïsme reste.

Dans ce régiment de zouaves pontificaux, à

jamais illustre dans les annales de l'Eglise et dans les fastes de notre résistance désespérée, pas une mémoire ne périra ; mais deux noms, entre tous, doivent surnager à ce fleuve oublieux de l'ingratitude humaine : ceux de Charette et de Troussures ; tous deux d'une bravoure à toute épreuve, l'un plus brillant, plus impétueux, ayant le prestige du nom, l'autre plus méthodique.

Fernand de Troussures, d'une ancienne famille de Beauvoisis, entra, en 1850, à Saint-Cyr ; il en sortit en 1852 et fut nommé sous-lieutenant au 75e de ligne, commandé alors par le colonel de Pontevès. Heureux début pour le futur zouave que de servir sous les ordres d'un saint appartenant à une famille qui résume, en Provence, toutes les vertus. Il habitait alors Avignon ; c'est là que je retrouvai mon ancien de Saint-Cyr.

Ceux qui l'approchaient purent déjà deviner le croisé sous l'uniforme de l'officier français. Dévoué à ses soldats, il ne songeait qu'à leur être utile, et sa charité était proverbiale au régiment. Cependant il était facile de s'apercevoir qu'il était mal à l'aise au service de celui qui ne représentait à ses yeux qu'une fortune imméritée et une usurpation triomphante. A une revue, on remarqua son silence au milieu des *vivats* à l'adresse du souverain ; on lui fit des reproches ; il donna sa démission et courut à Rome offrir son épée au Souverain Pontife. Il fut nommé capitaine aux zouaves.

III

En ces temps-là, cette noble légion s'organisait au milieu de toutes les difficultés. Il y avait bien des éléments de désordre au milieu de cette jeunesse composée de fils de famille, arrivant avec des droits presque égaux, une éducation pareille, une même somme de dévouement. Il fallait pourtant établir une hiérarchie, former des cadres, fonder l'ordre, la discipline, passer le niveau militaire au dessus de cette noblesse et de cette bourgeoisie appelées à la plus haute mission qui soit icibas : celle de défendre le Pape, la religion, la patrie.

Nul ne me contredira quand j'affirmerai que M. de Troussures joua le rôle principal dans cette œuvre de transformation. D'ailleurs, de grands exemples se dressaient devant les conscrits de la foi : le sang fumait encore dans les plaines de Castelfidardo. M. de Charette, leur commandant, était le témoignage vivant de la vertu de leurs devanciers. Il avait quatre frères sous le même drapeau : beau groupe de guerriers que domine de toute sa gloire le grand capitaine vendéen. La voie était tracée; voie sanglante, voie d'épines et de tribulations, mais conduisant tout droit à ces luttes triomphantes où la défaite elle-même prend des airs de victoire.

Je n'ai pas le dessein de suivre le commandant de Troussures pendant les quelques années qu'il consacra, à Rome, à une vie d'étude et d'éducation militaire. Je veux le rejoindre à l'époque de cette merveilleuse campagne de 1866, où quelques compagnies de zouaves soutinrent, pendant trois semaines, le choc de l'invasion garibaldienne. A Nerola, il se fit remarquer par son énergie et son sang-froid. A Mentana, il fut chargé de tourner la position, pendant que Charette, entraînant ses soldats un moment ébranlés par l'attaque d'un ennemi cinq fois plus nombreux, leur disait : « Allons, zouaves, ils vont croire qu'ils ne sont pas en fuite ! »

Je le revis ; il était bronzé par le soleil et la fatigue ; mais il n'avait pas changé. C'était le même sourire un peu caustique ; c'était la même

parole un peu diserte et apprêtée ; c'étaient les
mêmes sentiments, les mêmes principes de droiture
et d'honneur. L'opinion publique disait qu'il était,
avec Charette, l'idole des zouaves, et les zouaves
ne la démentaient pas.

Il me raconta les hauts faits de ses compagnons,
en oubliant les siens ; il n'oublia pas ceux qui
n'étaient plus : Quélen, de Vaux, Guérin, Guil-
min ; il ne se doutait pas que bientôt je serais le
chroniqueur de cette vie tranchée si glorieusement
dans sa force.

IV

La tempête sembla apaisée ; quelques jours d'une
traversée plus calme furent accordés à la barque de
Pierre; le pilote qui lisait déjà de plus mauvais temps

à l'horizon se hâta d'allumer un nouveau fanal. Au milieu du tonnerre et des éclairs de la nature et de la politique, la délégation du Christ *jusqu'à la consommation des siècles*, ainsi que l'avait proclamé le Maître, fut décrétée : dogme de liberté, encore plus que d'autorité, sans lequel les paroles évangéliques seraient un mensonge et la hiérarchie dans l'Eglise un vain mot.

A peine le Concile avait-il parlé que la guerre éclatait. *Le cœur de Pharaon était endurci ;* la voix de Dieu ne pouvait plus se faire entendre. Bonaparte abandonna Pie IX comme il avait abandonné Maximilien. Il livra Saint-Pierre pour trois régiments, et trois cent mille soldats furent livrés par lui à la Prusse.

Le 2 septembre 1869, Bonaparte dit à Cialdini : « Faites vite ; » le 2 septembre 1870, Sedan.

Le 6 août 1870, l'armée française quitta Civita-Vecchia ; le 6 août 1870, Reischoffen.

Le 20 septembre 1870, Pie IX est prisonnier au Vatican ; le 20 septembre 1870, Paris est investi entièrement.

Et à l'heure où de meilleurs jours semblent renaître pour la France, à ce moment de crise suprême où le pays, épuisé par l'empire et la ré-publique de septembre, demande grâce et merci à la divine Providence, cette Providence appelle à la conduite de nos affaires le grand citoyen qui a défendu à la tribune Pie IX, Rome et l'Eglise.

Il y a quelque chose qui me dit à moi que la nomination de M. Thiers va nous porter bonheur.

Charette, Troussures, Lambilly, d'Albiousse, Saisy, livrèrent les derniers combats à la révolution piémontaise ; plusieurs faits d'armes illustrèrent le drapeau pontifical. M. de Charette exécuta une fort belle retraite de Montefiascone à Rome.

On se dit un dernier adieu à la Porta-Pia ; là

étaient le général Kanzler et l'illustre et à jamais regretté comte de Christen.

Là M. de Giry, expirant, écrivit avec son sang : « Je laisse tout ce que je possède à Pie IX. » Les archives de l'Eglise possèdent-elles un plus précieux autographe ?

Le siége de la Ville Eternelle dura peu.

Le Vicaire de Jésus-Christ ordonna que l'épée fut remise au fourreau. L'honneur était sauf ; le roi de Rome avait fait son devoir. Pie IX ne voulut pas que le sang coulât davantage.

Les Italiens, ivres d'une victoire remportée à leur manière — vingt contre un — insultèrent les vaincus désarmés. C'était la France qu'ils outrageaient, la France de Solférino et de Magenta ; et pour que nul ne pût l'ignorer, un secrétaire de l'ambassade de France était hué et battu.

V

Pendant que le drame de la *Porta-Pia* s'accomplissait , un autre drame, drame de honte et de sang, continuait au délà des monts. Les démagogues pillaient les coffres et les places de la France, tandis que les hordes prussiennes, s'avançant comme une marée montante, enveloppaient déjà Paris d'un cercle de feu. Les tribuns proclamaient qu'il n'y avait pas de Dieu, pas d'âme, pas de religion.

Ils voulaient effacer le nom du Seigneur au frontispice de notre édifice national pour y substituer une étoile dans un ciel de convention, comme s'il y avait une étoile sans paradis, et un paradis sans Dieu.

Pour faire un pacte avec la victoire et l'immortalité, Clovis planta un crucifix dans la terre de France : ce fut la boussole de quatorze siècles de notre grandeur militaire. A l'heure de nos désastres, c'est avec le même signe que Sonis, Charette et les zouaves ont sauvé l'honneur du pays.

On hissa le drapeau rouge à l'hôtel de ville de Lyon ; on enrôla des gardes civiques, et, comme dernier défi à l'Europe et à la civilisation, on alla chercher à Caprera le bras de Mazzini, le mangeur de prêtres, la chemise rouge de 1849, le *bravo* de la république universelle, Garibaldi.

Tout à coup, une voix, qui semblait évoquée d'un autre âge, domina la sanglante orgie. Cathelineau appelait la Vendée aux armes, et Charette accourait avec les zouaves (1).

(1) Blessé au genou et ne pouvant faire un service trop fatigant, j'écrivis deux fois à M. de Charette pour lui offrir de servir, avec mon grade, dans son régiment. La loi était formelle : du moment

La France se réveillait immortelle.

Au cri infâme des bandits en rupture de l'en-
fer : « Périsse la France plutôt que la république ! »
elle répondait par son cri d'immortalité : *Dieu et
patrie !*

Et afin que l'œuvre de Dieu se manifestât dans
tout son éblouissement, ce fut une poignée de Ven-
déens et de zouaves qui relevèrent le moral de
l'armée. Quelques compagnies de Cathelineau, un
bataillon de pontificaux : voilà ceux qui sont à
l'avant-garde de nos troupes.

que les zouaves pontificaux étaient admis à servir au titre français,
il était évident qu'il ne pouvait y avoir une loi spéciale pour
eux. Du moment que je déclarais renoncer à tout avancement et
ne vouloir servir que pendant la guerre, avait-on le droit de me
refuser ce que le décret du 10 août accordait à tous les anciens
officiers : celui de rentrer avec leur grade dans un régiment de leur
choix ? Je ne sais ; mais M. de Charette, très courtoisement du
reste, refusa. Et comme je ne voudrais pas être taxé d'ambition,
pour servir aux zouaves, je refusais un commandement de six mille
hommes, et je priais le comte de Christen de l'accepter.

(Note de l'auteur.)

« Vivent les zouaves ! » s'écrie La Motte-Rouge à Arthenay.

« Vivent les zouaves ! » s'écrie Gougeard à Patay.

« Vivent les zouaves ! » s'écrie l'amiral Jaurés, après le Mans.

Il fallait bien que la France aussi criât : « Vivent les zouaves ! »

Du temps de Godefroy de Bouillon, de Du Guesclin, de Lescure et de Larochejaquelin on aurait applaudi. Que fera-t-on aujourd'hui où de pareils dévouements éclatent dans le siècle des Pereire et des fournisseurs du guerrier Gambetta? Que fera-t-on, lorsque des vieillards comme le marquis de Coislin s'engageaient comme simples soldats?

VI

Je voudrais pouvoir, autour de la mémoire de Troussures, grouper les noms de ses frères d'armes. Le temps me manque, et l'entreprise est impossible. Je n'oublierai pas cependant de glorieux morts : les Bouillé, les Vogüé, les Lambilly, les Verthamon, et j'esquisserai à grands traits la journée de Patay.

Le vendredi 2 décembre, d'après les ordres venus de Tours, les zouaves se mirent en marche pour opérer du côté de Patay. M. Gambetta avait annoncé que le général Ducrot était à Etampes !....

Le régiment était commandé par Charette et Troussures, son lieutenant-colonel.

En présence des honteuses défaillances de la ligne, le général de Sonis se souvint que Jeanne d'Arc avait battu les Anglais en ces lieux, et, mettant toute sa confiance en Dieu, il arriva aux zouaves, et s'adressant à Charette : — « O vous, au moins, mon colonel, vous et vos soldats, vous ne m'abandonnerez pas comme ceux-là ! » — « Non, non ! en avant, vive Pie IX ! vive la France ! » s'écrièrent en chœur officiers et soldats.

Sonis embrassa Charette, serra la main à Troussures, à Moncuit, à Ferron, et partit au galop suivi par les zouaves.

Il y eut alors une de ces charges à la baïonnette dont l'armée française a seule le secret.

Mais que pouvait faire la valeur et l'impétuosité contre le nombre? Comment espérer qu'une poignée de braves pourrait ramener la victoire sous les drapeaux d'une armée trahie par l'imbécillité d'un dictateur décrétant la victoire et la mort — à distance du canon.

L'étendard pontifical passa en cinq mains différentes : Verthamon, Bouillé, Casenove, Le Parmentier, le sergent-major Landeàu. L'héroïque Sonis fut blessé à la cuisse ; Charette reçut deux coups de feu ; Troussures fut mortellement atteint en pleine poitrine. MM. de Moncuit, Bertrand de Ferron, de Gastebois, de la Bégassière, de Bois-Chevalier, Robert Wetet, Ferdinand de Charette, Henri et Jean de Bellevue, Quéré, Fernand de Ferron, de Foresta, de Villebois, du Bourg, de Villemaret, Pierre de Raincourt, la Peyrade, Laurier, Charles de Ferron, de Richemond, de la Mallerie, de Pontourny, Héroé de Kersabiec, Serio, Charries, de Vezins, de la Celle, de Macquiley, Renaudière, Wagner, Dupé, de Mauduit, de Houdet, de Labrosse, de Grille, sont parmi les blessés. Mais, que de morts ! Lorsque le commandant Le Gonidec fit l'appel, il manquait de trente-cinq à quarante hommes par compagnie.

Sur le tertre qui recouvre les croisés, la France se grandit et se rapproche du ciel.

Et puisque leur grand-père paya de sa vie son dévouement à l'Eglise, disons la belle mort du jeune duc de Luynes, la brillante conduite du duc de Chevreuse et du marquis Elzéar de Sabran.

Troussures fut admirable à Patay.

Au moment où le général de Sonis, enlevait les zouaves par ces paroles : — « Mes enfants, montrons comment se battent des hommes de cœur : suivez-moi ! » M. de Troussures lui répondit : — « Général, vous nous menez à une bien belle fête ! » Et il s'élançait à la tête de ses frères d'armes. Quelques instants avant il était descendu de son cheval, s'était mis à genoux, en présence de tout le monde, avait fait un signe de croix et reçu l'absolution.

Troussures fut enseveli avec un Vogüé : c'était le troisième de cette noble race qui donnait sa vie pour la France depuis le commencement de la guerre.

Une femme, de celles que l'Evangile appelle *fortes* et *courageuses*, traversa la France et vint errer sur le champ de mort. Elle cherchait son fils. Elle retrouva le zouave étendu à côté de son commandant. Elle s'agenouilla devant ces pieux et nobles restes. Si le Fils de l'Homme eût passé alors sur la terre, à la vue de cette douleur maternelle, mélangée à tant de foi, il eût pleuré, et il aurait dit : « Jeune homme, *veni foras.* » Mais il fallait que le sang le plus pur fût versé pour la rédemption des Français ; il fallait de saintes victimes ; la mère et le fils ne se reverront plus qu'au ciel, au sein de Celui qui consolera d'une espérance éternelle la mère héroïque qui lui a offert son enfant.

Troussures, avant la bataille de Patay, avait fait, seul, une tournée d'inspection pour compter les forces ennemies.

Il est mort de cette mort qu'enviaient sa foi et son courage ; il ne reverra, en ce monde, ni sa fiancée, ni Pie IX, ni les basiliques de Rome. Quand les zouaves retourneront là-bas pour chasser les geôliers, leur commandant n'y sera plus. Quand garde royale et pontificale à la fois, les soldats de Charette, monteront la garde aux Tuileries et au Vatican, ils n'y présenteront plus les armes à Fernand de Troussures ; mais, selon la touchante expression de Charette, ils penseront à lui quand ils invoqueront « la protection de ceux qu'ils ont perdus ! »